NOURRIR LA MÈRE POUR SAUVER L'ENFANT

Secours immédiat, en nature, pendant toute la durée de l'allaitement

EXERCICE 1913

Fondation 1904

Déclaration à la Préfecture de Police, 2 Décembre 1904

RESTAURANTS GRATUITS
DES MÈRES NOURRICES

Œuvre Henry Coullet du Lait Maternel

COURONNÉE PAR L'ACADÉMIE FRANÇAISE

(Prix de Vertu 1910 — Prix Fabien 1913)

Grand Prix à l'Exposition Internationale de Gand 1913

Subventionnée par l'État, la Ville de Paris, le Conseil général de la Seine

CRÉATRICE ET PROPAGATRICE
DE CE NOUVEAU SYSTÈME D'ASSISTANCE SOCIALE

Adopté par 98 centres indépendants français et étrangers

DONT 9 ÉTABLISSEMENTS MUNICIPAUX

(Origine des Cantines Maternelles)

Restaurants gratuits des Mères Nourrices à Paris

49, rue Ramponeau (XXe)

2bis, rue de l'Arbalète (Ve) — 3, rue Niepce (XIVe)

Siège Social

38, rue du Montparnasse, 38
PARIS (VIe)

1914

NOURRIR LA MÈRE POUR SAUVER L'ENFANT

Secours immédiat, en nature, pendant toute la durée de l'allaitement

EXERCICE 1913

Fondation 1904

Déclaration à la Préfecture de Police, 2 Décembre 1904

RESTAURANTS GRATUITS

DES MÈRES NOURRICES

Œuvre Henry Coullet du Lait Maternel

COURONNÉE PAR L'ACADÉMIE FRANÇAISE

(Prix de Vertu 1910 — Prix Fabien 1913)

Grand Prix à l'Exposition Internationale de Gand 1913

Subventionnée par l'État, la Ville de Paris, le Conseil général de la Seine

CRÉATRICE ET PROPAGATRICE

DE CE NOUVEAU SYSTÈME D'ASSISTANCE SOCIALE

Adopté par 98 centres indépendants français et étrangers

DONT 9 ÉTABLISSEMENTS MUNICIPAUX

(Origine des Cantines Maternelles)

Restaurants gratuits des Mères Nourrices à Paris

49, rue Ramponeau (XXᵉ)

2ᵇⁱˢ, rue de l'Arbalète (Vᵉ) — 3, rue Niepce (XIVᵉ)

Siège Social

38, rue du Montparnasse, 38

PARIS (VIᵉ)

1914

1914

RESTAURANTS GRATUITS
DES MÈRES NOURRICES

Œuvre Henry Coullet du Lait Maternel

PARIS

Assemblée Générale Annuelle

tenue sous la Présidence du Fondateur-Directeur,
le 13 novembre 1913,
à la Salle de l'Œuvre, rue Ramponeau, 49.

L'Assemblée générale annuelle des Restaurants gratuits des Mères Nourrices, Œuvre Henry Coullet du *Lait Maternel,* s'est tenue sous la Présidence du Fondateur-Directeur, le 13 novembre 1913, à la Salle de la rue Ramponeau, 49 (XX°).

La Séance est ouverte à 2 heures 1/2.

Lecture est donnée du Procès-verbal de la précédente séance.

Après cette lecture, le Président s'exprime en ces termes :

Allocution du Président.

Mesdames, Messieurs,

Il paraissait en 1904, à Paris, sinon impossible, du moins improbable qu'il pût y avoir un jour des Établissements spéciaux où toute mère nourrice trouverait, sans enquête et gratuitement, sa nourriture assurée, à la seule condition qu'elle allaitât son enfant.

Depuis 1904, 98 centres indépendants, dont 9 municipaux, sont sortis de l'Œuvre Henry Coullet qui est l'initiatrice de ce système d'assistance et qui continue chaque jour à le propager.

Cette Œuvre, vous l'avez soutenue, vous l'aidez dans ses efforts, dans sa propagande, dans son action incessante. Que de remerciements ne vous doit-elle pas !

Ce sont vos soins, votre sollicitude inlassable et généreuse qui ont conduit la Créatrice des Restaurants des Mères Nourrices au seuil de sa dixième année d'action qu'elle franchit aujourd'hui.

Maintenant les heures dures, les périodes de crise qui précèdent toujours les enfantements heureux ont fait place au temps de la réalisation.

L'Œuvre Henry Coullet voit aujourd'hui, non avec orgueil, mais avec une satisfaction légitime, tous les établissements issus d'elle et dont beaucoup ne sont pas sans importance, telle une mère poursuivant sa tâche au milieu d'enfants chaque jour plus nombreux.

Si cette tâche s'accomplit dans la paix, comme il sied aux labeurs persévérants et féconds, sans variations ni modifications ; — on peut dire de l'Œuvre, en effet, qu'elle n'a jamais changé ni de but, ni de moyens ; — si le Restaurant gratuit des Mères Nourrices, créé pour préserver le petit enfant de la mort en lui assurant le lait maternel, a été, est, et sera le port assuré de toute mère qui veut allaiter elle-même son enfant, l'Œuvre ne saurait oublier que c'est à vous qu'elle le doit.

Permettez-moi, en ce jour, de vous remercier en son nom.

L'Œuvre a maintenant sa place, et ce n'est pas nous seulement qui le disons, au premier rang parmi celles qui travaillent contre la dépopulation. Son histoire ne s'inscrit pas seulement dans le passé, comme certains seraient portés à le laisser respectueusement entendre; c'est une histoire contemporaine, une histoire qui se fait chaque jour d'activités nouvelles suscitées, de repas préparés et servis, de mères nourries, d'enfants préservés de la mort.

Nous prions bien instamment l'Académie française, les pouvoirs publics, qui secondent si hautement les efforts de l'Œuvre dans sa lutte contre la dépopulation, la presse, si accueillante pour tout ce qui intéresse les Restaurants Gratuits, d'agréer l'expression la plus entière et la plus sincère de leur reconnaissance.

Nous demandons également à M. le docteur Variot, médecin de l'hôpital des Enfants-Assistés, fondateur de la Goutte de Lait de Belleville, de trouver ici l'expression de la gratitude des Restaurants gratuits des Mères Nourrices, auxquels il a eu l'occasion, au cours de cette année, de donner de précieuses marques de sa sollicitude.

Que les remerciements de l'Œuvre aillent aussi à MM. les Mandataires et Mmes des Pavillons des Halles Centrales de Paris si constamment bienfaisants pour l'Œuvre depuis de si longues années.

Dans un ouvrage publié en fin 1911, se trouvent réunis tous les documents qui se rapportent à la naissance de l'Œuvre Henry Coullet et à sa propagation. Depuis 1911 jusqu'à l'heure actuelle ce livre a été, est chaque jour, porté à la connaissance de tous les milieux français et étrangers où de nouveaux établissements de repas gratuits pour mères nourrices sont susceptibles de naître; c'est la graine semée à tous vents, qui germe où elle doit.

Toutes les études faites sur notre Œuvre, toutes les appréciations portées sur elle par d'éminents médecins, publicistes, sociologues, s'y trouvent réunies. Il y a là, outre des opinions et des témoignages, le récit des travaux accomplis dans les régions les plus diverses, par les personnalités les plus dévouées, pour assurer à la mère qui allaite ses repas quotidiens.

Ce livre a la valeur d'un premier Congrès.

Aujourd'hui que les établissements de repas gratuits pour les Mères ont pris et prennent sans cesse une extension plus considérable, l'OEuvre initiatrice croit bon de convier les personnalités qui, dans divers pays, appliquent la même idée, ou s'y intéressent, à adresser au siège des Restaurants Gratuits des Mères Nourrices, 38, rue Montparnasse à Paris, tous projets, notes, indications, réflexions qu'elles pourraient juger utile de communiquer. Il pourrait s'y trouver matière à un nouvel effort de groupement qui aboutirait, espérons-le, à réunir quelque jour à Paris tous ceux qui travaillent dans le même champ. Ils apporteraient et exposeraient chacun leurs idées pour le plus grand bien et profit de tous.

Adressons, en terminant, notre salut le plus sympathique et nos vœux les plus sincères à ceux qui s'efforcent en France et dans tous les autres pays, à sauver la vie des petits enfants en leur assurant le lait de leur mère.

Rapport Moral.

L'exercice dont nous avons à vous rendre compte au début de la dixième année des travaux de notre OEuvre offre une suite très encourageante d'événements heureux.

Nous examinerons les faits en suivant, autant que possible, l'ordre chronologique.

Le 2 décembre 1912 nous adressons aux membres de la Commission d'étude des questions relatives à la dépopulation, une lettre ouverte, reproduite par plusieurs journaux. Le principe de l'OEuvre s'y trouve exposé ainsi que ses résultats depuis 1904.

Nous attirons l'attention de la Commission sur ce fait que le *Restaurant gratuit pour Mères Nourrices* conduit heureusement à la fin de leur première année 97 % de ses nourrissons, ramenant le taux des décès chez les enfants de 0 à 1 an de 16 % à 3 % ; qu'il rend la mère capable d'allaiter entièrement, avec profit pour son enfant, et d'affronter dans les meilleures conditions, des maternités nouvelles.

Nous y relevons le passage suivant :

« Il (le Restaurant gratuit) n'écarte pas la mère de son

foyer quand elle en a un, puisqu'il ne l'interne pas ; il ne met pas le nouveau-né en danger de contagion, puisqu'il ne reçoit pas les malades et les envoie aux Œuvres Médicales. Il sauve tous les ans un grand nombre d'enfants, représentant **un capital social important pour le pays.**

En présentant à la Commission ce moyen éprouvé de combattre la mortalité infantile et d'encourager à la repopulation, nous avons le sentiment d'avoir rempli un devoir dont tous les membres de l'Œuvre connaissent la grandeur et l'urgence.

Nous trouvons dans le *Bulletin de l'Académie de Médecine* (15 juillet 1913) une mention indiquant que notre appel a été entendu. Le rapport de M. le professeur Albert Robin, inséré dans ce numéro, signale, en effet, dans son programme d'ensemble de Défense Sociale, « les Restaurants gratuits des Mères Nourrices parmi les Œuvres où l'initiative privée s'est manifestée de la manière la plus pratique ».

Signalons aussi dans une délibération de la Chambre de Commerce de Paris (novembre 1913) l'appréciation suivante qui s'accorde entièrement avec notre action. « Toute mesure « tendant à préserver la vie du nouveau-né s'impose donc. « Or, l'allaitement maternel est, de tous les modes de nour- « riture, celui qui assure à la première enfance les conditions « les plus favorables. *Il doit donc être partout encouragé, et notam- « ment il doit être rendu possible, aisé même,* à celles des mères « de famille que les nécessités de la vie obligent à travailler « au dehors. »

Le 29 décembre 1912 M. et Mme Henry Coullet sont officiellement invités par le maire de **Lyon**, M. Édouard Herriot, à l'inauguration du deuxième *Restaurant Municipal gratuit pour Mères Nourrices* de la Ville de Lyon.

Au cours de cette fête, à laquelle la municipalité a convié les autorités lyonnaises, M. Édouard Herriot prononce un discours plein de vues généreuses et de mouvements de pitié pour ceux qui souffrent. Il se félicite de l'extension que prennent à Lyon les *Restaurants gratuits pour Mères Nour- rices.* Il rappelle que c'est sur la proposition de M. Henry Coullet en 1900 et avec le premier concours de Mme Henry Coullet qu'il a organisé le premier Restaurant *Municipal* des Mères Nourrices de Lyon, qui se trouve être le premier Restaurant Municipal de ce genre établi en France.

Nous visitons les Restaurants Municipaux lyonnais pour Mères Nourrices si justement populaires dans la ville. Ils font le plus grand honneur au maire, M. Édouard Herriot, qui a su en doter Lyon, et à son dévoué collaborateur, M. Costille, chef de l'Office du Travail à l'hôtel de ville de Lyon, qui les a organisés matériellement, et qui en est l'âme.

Les Restaurants lyonnais sont également ouverts depuis longtemps aux femmes enceintes.

Suivant l'exemple donné par Lyon, la municipalité bordelaise inaugure le 31 décembre 1912, une installation spéciale pour repas gratuits aux mères nourrices, à bord d'un bateau-soupe. Ainsi se trouve heureusement réalisé par l'administration municipale un projet de *Restaurants gratuits pour Mères Nourrices* qui avait reçu l'accueil le plus favorable d'un groupe important de la société bordelaise dès mai-juin 1905. A la suite de chaleureux articles publiés à cette époque par la *Petite Gironde*, *l'Avenir de la Mutualité* et *le Mondain* de Bordeaux, un Comité s'était formé en vue d'instituer dans cette ville des repas gratuits pour les mères nourrices sur le modèle de nos Restaurants et d'après les renseignements fournis par notre Œuvre. Nous sommes heureux d'enregistrer le résultat actuel et d'adresser nos félicitations les plus cordiales à **Bordeaux**. Souhaitons que cet exemple et celui de Lyon soient promptement suivis par d'autres grandes villes françaises.

Nice, **Remiremont** et **Lorient** possèdent depuis 1906 des établissements de repas gratuits pour mères nourrices, issus de notre Œuvre.

Au mois de janvier 1913 paraît à Londres une étude sur l'Œuvre, qu'une importante Revue avait demandée à M. Henry Coullet.

Les Restaurants pour Mères Nourrices sont depuis longtemps connus et adoptés dans le Royaume-Uni. C'est le pays qui en possède actuellement le plus grand nombre.

Nous avons toujours le plus vif plaisir à associer à l'introduction des *Restaurants pour Mères Nourrices* en **Grande-Bretagne** le nom de Miss Walker de Dundee. C'est elle qui, déléguée par la Social Union, visita en février 1906 notre Restaurant actuel du Ve arrondissement à Paris, y étudia nos méthodes, et organisa à son retour *le premier Restaurant des Mères Nourrices de la Grande-Bretagne*, celui de Dundee. Aujourd'hui Dundee possède 4 Restaurants, dont 2 sont municipaux. Toutes les principales villes du Royaume-Uni ont suivi cet exemple. Londres à lui seul contient une trentaine d'établissements de repas pour mères nourrices, et chaque année voit des fondations nouvelles s'ajouter aux anciennes.

Ne quittons pas la Grande-Bretagne sans saluer la mémoire d'un médecin éminent qui vient de disparaître en laissant d'unanimes regrets, le docteur Sykes, médecin municipal du

quartier de Saint-Pancras, à Londres. Ce quartier est un des
premiers qui aient eu une salle de repas pour mères nourrices. Parlant du docteur Sykes dans un article récent publié
à l'occasion de sa mort dans une importante revue anglaise
(National Health, 4. Tavistock Square, London (mars 1913),
Miss Bunting s'exprime en ces termes :

« Il observa le premier que la Goutte de Lait ordinaire incite
« directement à l'abandon de l'allaitement au sein. Il réussit
« à écarter le danger de Saint-Pancras, et s'efforça de toute
« manière d'encourager l'allaitement au sein... Il remarqua
« que la distribution à la légère de brochures aux mères
« pouvait faire du mal si elles contenaient des instructions
« sur l'allaitement artificiel. Un enfant qui ne peut pas être
« nourri au sein est un être anormal dont l'alimentation doit
« être prescrite par un médecin, et qui doit être surveillé
« comme un enfant malade. »

Nous nous associons aux regrets unanimes exprimés en
Angleterre à la mort du docteur Sykes.

La **Grande-Bretagne** n'est pas le seul pays où l'on puisse
admirer le développement rapide de l'assistance aux mères
par le repas gratuit. L'**Italie** possède actuellement un nombre
considérable de centres où s'applique le système. Les établissements de Rome datent de 1905, celui de Bologne de 1907;
entre temps ou depuis cette dernière date ceux de Padoue,
Rimini, Capoue, Parme, Vérone, Mantoue se sont constitués.
Ils sont admirablement agencés et organisés. Nous éprouvons
la plus sincère admiration pour les travaux de M. le professeur Finizio, de Bologne, qui unit à l'étendue et à la profon-
deur des connaissances le plus admirable dévouement au bien
public. C'est lui qui a institué le réfectoire pour les mères
nourrices à la Congrégation de Charité de Bologne (1907).

L'**Allemagne** possède également un centre de repas pour
mères nourrices à Munich.

Les *OEuvres de Restaurants pour Mères Nourrices* prennent
un beau développement en Espagne. Après Madrid, voici
Barcelone qui nous offre (1912) ses deux magnifiques *Restaurants de la Maternité*, comparables aux Restaurants Municipaux lyonnais. Ils sont dus à l'heureuse initiative de la *Junta
Provincial* qui est en rapport avec nous depuis 1911. Saragosse
possède, depuis mai 1912, ses « Comedores gratuitas per
Madres Notrizas ».

Au mois de mars 1913, l'*OEuvre des Restaurants gratuits
des Mères Nourrices de Paris* a l'honneur d'être présentée à
M. le Président de la République.

Le Président veut bien assurer Mme Henry Coullet, co-fondatrice de l'OEuvre, de l'intérêt qu'il prend aux travaux de l'OEuvre, et de sa conviction que les services rendus par notre action au pays sont parmi les plus efficaces et les plus appréciables qui puissent être consacrés à la préservation de la mère et de l'enfant.

Ce témoignage restera pour l'OEuvre un document du plus haut prix.

Dans le courant de mai 1913, le Bureau de bienfaisance d'**Anvers** nous fait part de l'inauguration officielle des premiers établissements de *repas gratuits pour mères nourrices* ouverts par ses soins dans cette grande ville.

Voici le résumé de nos relations avec la **Belgique** :

1906 (juin). Correspondance avec un comité en formation à **Bruxelles** en vue d'y établir une *OEuvre de Restaurants gratuits pour Mères Nourrices*.

1909. Publication dans la *Revue de Belgique* de la belle conférence de Mme Alphonse Daudet sur les *Restaurants gratuits de Paris*.

1910 (juin). Étude publiée dans le *Soir* de Bruxelles par M. Maurice Wilmotte, professeur à l'Université de Liége, directeur de la *Revue de Belgique*, à la suite de sa visite au *Restaurant des Mères Nourrices de Belleville*, à Paris.

1911. Propagation en **Belgique** du Recueil des documents sur l'OEuvre Henry Coullet. (Ce recueil est adressé aux sociétés savantes, médicales et scientifiques, gouverneurs de province, municipalités, etc.)

1912 (février). Demande officielle de documents, faite par le Bureau de bienfaisance d'**Anvers**, en vue d'instituer des *Restaurants maternels* dans cette ville.

1912 (avril). Visite faite à notre OEuvre, à Paris, par Mme E. Grisar, présidente des OEuvres de maternité d'**Anvers**, présentée officiellement par le Bureau de bienfaisance d'**Anvers**. Toutes les indications nécessaires sont données à Mme E. Grisar, au cours et à la suite de sa visite.

A la date du 18 mars 1912 se place un très intéressant discours de M. Van Dooselaere, président du Bureau de bienfaisance d'**Anvers**. Nous en extrayons les passages suivants :

« Le Bureau de bienfaisance a pu faire la triste expérience « que, par suite des abus nombreux, la distribution de lait « aux mères fait manquer le but poursuivi. Souvent les « bonnes mères croient faire œuvre utile et tuent l'enfant en « donnant le lait ensemble avec le sein à leurs nourrissons. « D'autres y trouvent prétexte à se soustraire au désagrément « et aux difficultés de l'allaitement au sein. Il s'ensuit que la « question doit être résolue autrement.

« Notre administration, toujours soucieuse de marcher dans
« la voie du progrès, s'est informée partout, en France, en
« Angleterre, en Allemagne, en Italie, en Suisse, en Hollande
« et même en Amérique, pour savoir ce qui, dans cet ordre
« d'idées, se fait ailleurs, car il n'y a, Mesdames, de meilleur
« enseignement que de voir ce que fait le voisin.

« *Et ainsi nous avons appris dans plusieurs grandes villes de*
« *l'Europe que, après avoir expérimenté différentes formes de*
« *secours aux mères indigentes, la préférence a été donnée aux*
« *Restaurants Maternels...* Les premiers qui ont eu l'idée de
« créer les Restaurants Maternels sont M. et Mme Coullet,
« de Paris.

« De l'aveu de tous, le meilleur préservatif de l'enfant du
« premier âge est le lait de sa mère. Il s'ensuit que le meilleur
« moyen pour le lui procurer est d'intéresser la mère à nour-
« rir son enfant, en lui offrant un avantage qui la mette en
« état d'avoir du bon lait en nourrissant son bébé. C'est ce
« que nous espérons atteindre par la création du *Restaurant*
« *Maternel gratuit des Mères Nourrices.* »

Des efforts du Bureau de bienfaisance et de l'Œuvre de la
Maternité d'**Anvers**, stimulés par le zèle énergique et éclairé
de M. le Président Van Dooselaere, sortent les premiers établissements de Repas gratuits pour Mères Nourrices, dénom-
més cantines d'Anvers. Ils seront sans doute suivis de beaucoup d'autres Restaurants Maternels à **Anvers** et dans toute
la **Belgique**. Nous le souhaitons et l'espérons fermement pour
ce pays si actif et auquel nous unissent tant de liens.

Nos relations avec les deux Amériques remontent à l'époque
(1909) où l'éminent ambassadeur de France à Washington,
M. J.-J. Jusserand, voulut bien faire connaître l'Œuvre
Henry Coullet au Congrès de Baltimore. Elles se continuent
depuis ce temps, cordiales et fécondes. Une dame chargée de
mission de la Fondation Russell Sage, de New-York, vint
étudier notre système en 1911. Elle a rapporté en Amérique
« la bonne parole », suivant sa propre expression. Nous rece-
vons en ce mois d'octobre 1913 la nouvelle qu'un Restaurant
des Mères s'est ouvert à New-York.

Ainsi la *Couronne* de Restaurants des Mères Nourrices dont
nous parlions déjà en 1904, la *voie lactée* que Mme Gévin-Cassal,
la distinguée inspectrice générale du Ministère de l'Intérieur
faisait entrevoir à ses lecteurs (*Journal de Genève*, février 1906)
en parlant de l'Œuvre Henry Coullet, se développe et s'étend
dans notre Europe et jusqu'à la jeune Amérique.

L'Œuvre, après avoir obtenu un prix de vertu en 1910,
reçoit en 1913 de l'Académie française le prix Fabien, desti-

né à récompenser ses travaux relatifs aux *Restaurants gratuits des Mères Nourrices.*

Un **Grand Prix**, la plus haute récompense qui puisse être attribuée, vient également de lui être décerné à titre d'initiatrice du système des Restaurants gratuits pour Mères Nourrices et pour l'application incessante qu'elle en fait depuis 1904, par le jury international de l'Exposition universelle de **Gand** (1913).

Tel est l'ensemble de faits qui constitue le neuvième exercice de l'OEuvre et nous conduit au seuil de la dixième année de son action.

Rapport Financier.

La situation financière de l'OEuvre est pleinement satisfaisante.

L'OEuvre reçoit au cours du présent exerciçe un total de 15 200 fr. 70 tant en argent qu'en nature. Elle dépense sous ces deux formes un total de 15 018 fr. 60. Les recettes excèdent de 1 043 fr. 55 celles de l'exercice précédent.

Le nombre des repas servis aux mères est supérieur de 9 390 à celui des repas de l'année dernière.

Les mères nourrices dont les maris sont sous les drapeaux continuent à fréquenter assidument nos Restaurants gratuits. Nous avons pu relever 1 863 présences, mais ce nombre est loin de représenter celui des repas effectivement pris par des mères se trouvant dans cette situation. Un de nos principes fondamentaux nous interdit en effet toute demande de renseignements de quelque nature qu'ils soient. Notre chiffre provient donc uniquement de déclarations spontanées.

Notre action se continue sans que rien soit ajouté à ses moyens ni en soit retranché. Si une OEuvre comme la nôtre, perdant le sens exact de sa mission sous l'influence de préoccupations extérieures, se laissait aller à disperser ses ressources et ses efforts, il en résulterait le plus grand mal.

Notre but *unique* doit être toujours et *invariablement d'encourager et de rendre possible, facile et efficace l'allaitement au sein.*

Pour atteindre ce but, nous composons nos repas d'œufs frais à midi, de viande ou poisson le soir aussi bien que le matin (en excluant toujours le cheval), de légumes ou pâtes de soupe et de pain à discrétion, d'un dessert de fromage ou chocolat. Ainsi alimentées, les mères nourrices qui fréquentent nos Restaurants gratuits se relèvent rapidement de l'état d'épuisement où elles étaient précédemment tombées ; elles surmontent l'anémie qu'occasionne si fréquemment le climat de Paris, particulièrement chez ceux dont l'habitation est, étroite et mal aérée ; elles allaitent facilement, complètement, sans fatigue, plus fortes souvent à la fin de l'allaitement qu'à son début. Notre but est atteint parce que nous avons *tendu uniquement* à l'atteindre. Comme nous l'avons voulu, nous avons préservé l'enfant du biberon en lui assurant le lait maternel.

Ainsi, portant *toutes nos ressources exclusivement,* sur le *perfectionnement de l'alimentation,* nous avons consacré 1 708 francs à l'achat d'œufs frais pour les repas de midi. Cet effort de l'OEuvre a été largement récompensé. Nous avons pu voir très vite les mères et les enfants devenir plus forts. Le repas du soir comportant de la viande ou du poisson comme celui de midi, les mères viennent le prendre en aussi grand nombre que celui du matin. Il faut songer qu'après sa journée faite, la mère nourrice n'a pas le moyen de se reposer complètement. Il lui faut autre chose qu'un léger repas de légumes pour pouvoir répondre aux besoins de son nourrisson pendant la nuit ou aux premières heures du matin.

La réalité de l'allaitement au sein est rigoureusement constatée dans nos restaurants.

Au cours de cette année une médaille d'argent de l'Exposition internationale de Turin (1911) a été remise à une des plus zélées collaboratrices des Restaurants gratuits des Mères Nourrices, en récompense de ses travaux.

Les auxiliaires de l'OEuvre Henry Coullet prennent ainsi rang parmi les femmes dévouées qui, dans les hôpitaux, les asiles, les ambulances, se consacrent au service de l'humanité souffrante. Chez nous, elles concourent à la préservation de la vie du petit enfant ; leur champ d'action est aussi un champ d'honneur.

Nous avons la vive satisfaction d'enregistrer le 6 octobre, à la salle de Plaisance, l'entrée d'une mère qui vient pour son cinquième allaitement. De ses 5 enfants 4 sont vivants. Nous trouvons en ce moment à notre salle de Belleville deux mères qui, en 1904, allaitaient au Restaurant du passage Julien-Lacroix. L'une à 9 enfants, l'autre 4.

La salle de Mouffetard va commencer le 15 décembre prochain sa dixième année d'action dans le Ve arrondissement.

Nous enregistrons ces résultats avec joie. Ils sont dus à nos efforts constants et prouvent la fécondité de nos travaux. Ils proviennent d'une alimentation rationnelle, exactement calculée pour entretenir une nourrice en pleine force. Nous évitons tous les frais inutiles. Notre administration générale, la *gérance* de chacun de nos Restaurants *sont entièrement gratuites*. Toutes nos dépenses sont appliquées intégralement, par la voie la plus directe et la plus économique, à la production de repas faits pour *nourrir la mère en vue de sauver l'enfant*.

Une caisse *unique* subvient aux besoins de nos *trois* Restaurants. Notre compte rendu financier aussi bien que notre rapport moral est soumis chaque année aux Pouvoirs publics.

Voici le détail de nos comptes pour l'exercice 1912-1913. Nous vous demandons de vouloir bien les approuver.

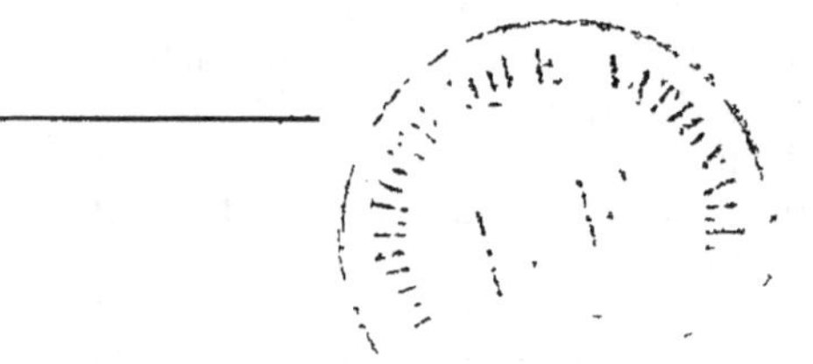

ÉTAT FINANCIER

Recettes.

Report.	7.735 10
Intérêts	656 25
Subventions	7.700 00
Cotisations.	3.394 20
Dons (Matière)	3.450 25
TOTAL GÉNÉRAL DES RECETTES . .	22.935 80

Dépenses.

	Matière.	Argent.
Loyer	»	657 55
Mobilier, Entretien.	161 50	115 45
Service.	»	2.565 60
Boucherie, Marée.	1.195 45	1.847 80
Œufs.	»	1.708 00
Boulangerie	»	2.728 35
Épicerie, Légumes.	936 80	850 40
Chauffage, Éclairage, Réparations locatives.	427 90	51 30
Boisson	639 60	50 20
Déplacements	»	89 45
Transport Matière	»	122 95
Papeterie, Propagande	89 00	186 65
Affranchissements	»	116 80
Timbres quittances, Droits de garde .	»	16 80
Assurances, Troncs, Frais découpage aux Halles, Expositions, Divers . . .	»	461 05
	3.450 25	11.568 35
TOTAL GÉNÉRAL DES DÉPENSES.	15.018 60	

Balance.

Fonds de Réserve.	21.000 00	
Recettes diverses	22.935 80	
TOTAL.		43.935 80
Dépenses	15.018 60	
En caisse au 1er novembre 1913 . .	6.792 35	
Fonds de Réserve	22.124 85	
TOTAL ÉGAL		43.935 80

Aucune observation n'étant présentée, le Président demande à l'Assemblée de vouloir bien approuver les comptes de l'Exercice.

Les comptes de l'Exercice 1912-1913 sont approuvés et, l'ordre du jour étant épuisé, la séance est levée à 3 h. 1/2.

Paris, le 13 novembre 1913.

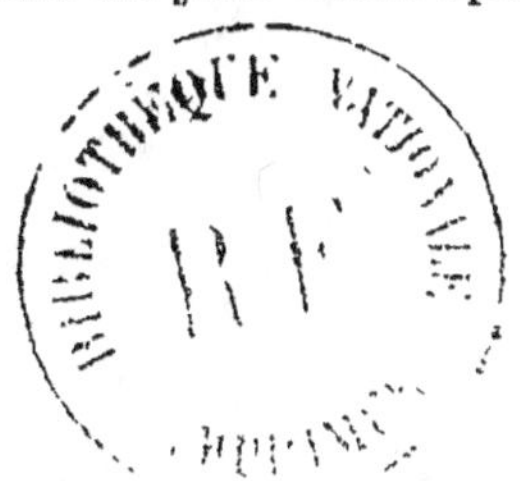

COULOMMIERS
Imprimerie Paul BRODARD

www.ingramcontent.com/pod-product-compliance
Lightning Source LLC
LaVergne TN
LVHW010112060726
842524LV00006B/2479